AF232414

NOTES COMPLÉMENTAIRES

SUR LE

TEXTE DU SACRE

(ÉVANGÉLIAIRE SLAVE)

Communication de M. Louis LEGER,

Membre de l'Institut,

Membre honoraire de l'Académie nationale de Reims.

REIMS

F. MICHAUD, LIBRAIRIE ANCIENNE ET MODERNE

ÉDITEUR DE L'ACADÉMIE

Rue du Cadran-Saint-Pierre, 19

M D CCC CI

NOTES COMPLÉMENTAIRES

SUR LE

TEXTE DU SACRE

(ÉVANGÉLIAIRE SLAVE)

Communication de M. Louis LEGER,

Membre de l'Institut,

Membre honoraire de l'Académie nationale de Reims.

REIMS

F. MICHAUD, LIBRAIRIE ANCIENNE ET MODERNE

ÉDITEUR DE L'ACADÉMIE

Rue du Cadran-Saint-Pierre, 19

M DCCCCI

NOTES COMPLÉMENTAIRES

SUR LE

TEXTE DU SACRE

(ÉVANGÉLIAIRE SLAVE)

OUVRAGES DU MÊME AUTEUR

Cyrille et Méthode, 1 volume in-8, librairie Bouillon.
La Littérature russe, 1 volume in-12, 2e édition, Armand Colin.
Chrestomathie russe, 1 volume in-12, Armand Colin.
Le Monde slave, 2e édition, 1 volume in-12, Hachette.
Histoire de l'Autriche-Hongrie, 4e édition, Hachette.
Russes et Slaves, 3 volumes in-12, Hachette.
Études slaves, 1 volume in-12, Leroux.
Nouvelles Études slaves, 2 volumes in-12, Leroux.
Contes slaves, 1 volume in-12, Leroux.
Chronique russe, dite de Nestor, 1 volume grand in-8, Leroux.
La Mythologie slave, in-8, Leroux.
La Save, le Danube et le Balkan, 1 volume in-18, Plon.
La Bulgarie, 1 volume in-18, Cerf.
Grammaire russe, 1 volume in-18, Maisonneuve.
La Russie et l'Exposition de 1878, 1 volume in-12, Delagrave.
Les Slaves au XIXe siècle, brochure in-8, Cerf.
Études sur la Mythologie slave, Maisonneuve.
Les Racines russes, 1 volume, Maisonneuve.
Voyage en Orient de Son Altesse Impériale le Césarévitch, 2 volumes, Delagrave.
L'Évangéliaire slavon de Reims dit Texte du Sacre, in-4, Reims, Michaud, prix : 100 francs; aquarellé : 300 francs.
Introduction à l'Évangéliaire, Reims, Michaud, prix : 6 francs.
    N.-B. — Il ne reste plus que quelques exemplaires de l'édition fac-simile tirée seulement à 115 exemplaires.

NOTES COMPLÉMENTAIRES

SUR LE

TEXTE DU SACRE

(ÉVANGÉLIAIRE SLAVE)

Communication de M. Louis LEGER,
Membre honoraire de l'Académie nationale de Reims.

———

En rédigeant mon introduction à l'édition fac-simile
de l'*Évangéliaire* de Reims, j'ai laissé à dessein de côté
quelques documents relatifs à l'histoire du célèbre manuscrit. Je ne voulais pas allonger indéfiniment un travail publié dans des conditions particulièrement oné-
reuses. Il me paraît cependant utile de faire connaître
dans quelles circonstances l'empereur Nicolas s'inté-
ressa à l'œuvre de Silvestre. Les lettres qu'on va lire sont
conservées à Saint-Pétersbourg, aux archives du Ministère de l'Instruction Publique. J'en ai dû communication
à l'extrême obligeance de mon collègue, M. Vladimir
Lamansky, professeur de philologie slave à l'Université
de Saint-Pétersbourg, membre de l'Académie de cette
ville.

Lettre de Silvestre à l'ambassadeur de Russie,
à Paris.

« Paris, 23 mai 1841.

« MONSEIGNEUR,

« J'eus le bonheur de me trouver, en 1838, à Munich,
« en même temps que Sa Majesté l'Empereur de Russie ;
« j'étais venu dans ce pays pour y rechercher des docu-

« ments nécessaires à la publication de ma *Paléographie*
« *universelle*... Je fus assez heureux pour voir plusieurs
« fois Sa Majesté, et je me sentis pénétré de dévouement
« et d'admiration pour son auguste personne.

« Mon vœu le plus ardent fut celui d'être présenté à
« l'Empereur, de lui soumettre mon ouvrage ; ce vœu
« se serait réalisé — on me le faisait espérer — si le
« départ de Sa Majesté n'avait été aussi prompt. J'en
« fus vivement affligé, et dès lors je n'eus plus qu'un
« désir, celui de faire quelque chose qui pût être agréable
« à ce grand souverain.

« Depuis plusieurs années, les savants slavonistes
« d'Allemagne(1) me pressaient pour publier le *Texte du*
« *Sacre* de Reims. M. Kopitar m'apprit que la diploma-
« tie sollicitait auprès du gouvernement français le prêt
« de ce précieux manuscrit ; mais j'appris en même
« temps que la ville de Reims s'était refusée aux
« demandes faites par deux de nos ministres de l'Ins-
« truction Publique. Peu de temps après, M. Kopitar
« m'écrivit que la ville de Prague avait voté les fonds
« nécessaires pour envoyer à Reims un calligraphe ca-
« pable de copier ce célèbre *Évangéliaire* slavon.

« Cette nouvelle fut un nouveau trait de lumière
« pour moi ; je savais que, de tout temps, la Russie
« s'est vivement intéressée à ce manuscrit, qu'elle en
« appréciait toute l'importance, et je me décidai à
« entreprendre la longue et pénible tâche de le fac-
« similer en entier, d'en former un beau volume et de
« l'offrir à Sa Majesté l'empereur Nicolas I". J'ai tra-
« vaillé près d'un an, et j'ai reproduit avec une si

(1) Autrement dit de l'Autriche et de la Bohême, Tchèques ou
Slovènes, que Silvestre prend à tort pour des Allemands (L.. L.).

« grande exactitude et dans tous ses détails(1) ce pré-
« cieux document paléographique de la langue slave,
« qu'il existe aujourd'hui deux textes identiques de ce
« beau manuscrit.

« En entreprenant ce travail, je n'ai eu qu'un seul
« but, qu'un seul désir, celui de l'offrir et de le voir
« accepter par Sa Majesté, et par là de voir s'accomplir
« mon désir de Munich.

« Le volume, précédé d'un titre et d'une introduc-
« tion, est achevé : il est couvert d'une belle reliure à
« fermoir et porte sur le premier feuillet ces mots :
« Offert à Sa Majesté l'Empereur Nicolas I", de toutes
« les Russies, par... etc., etc...

« Votre Excellence daignera-t-elle ajouter à toutes
« les bontés dont elle m'a honoré, celle de déposer aux
« pieds de Sa Majesté l'hommage de mon respectueux
« dévouement et celui de mon livre? Je lui conserverai
« pour ce nouvel acte de bienveillance une reconnais-
« sance à toute épreuve.

« J'ai refusé toute offre d'intervention auprès de
« Votre Excellence. C'est à vous seul, Monseigneur,
« que je veux devoir la haute faveur que je sollicite. Il
« n'y aurait qu'un refus de Sa Majesté ou de Votre
« Excellence, qui pourrait me décider à donner une
« autre destination à une œuvre que je me suis efforcé
« de rendre digne d'Elle et du pays auquel doit naturel-
« lement appartenir ce bel ouvrage.

« Je supplie Votre Excellence de me faire connaître

(1) Le travail de Silvestre est assurément très méritoire : mais
il renferme de nombreuses inexactitudes, non seulement en ce
qui concerne le texte, mais encore la reproduction des couleurs
et l'interprétation artistique des parties enluminées (L. L.).

« sa décision et de croire qu'aucun motif d'intérêt ne m'a
« guidé dans l'exécution de ce travail.

« Je viens de faire paraître la 36ᵉ livraison de ma
« *Paléographie universelle*, que je tiens à la disposition
« de Votre Excellence, à partir de la 21ᵉ qui lui fut
« adressée l'année dernière, au nombre de six exem-
« plaires. Elle se convaincra en voyant ces deux livrai-
« sons, que jamais publication n'a été faite plus cons-
« ciencieusement ni avec plus de soin.

« Je suis, etc.

Au même.

« J'ai reçu la décoration et la bague que Votre Excel-
« lence a daigné me faire remettre au nom de Sa Majesté
« l'Empereur de Russie, ainsi que la flatteuse et hono-
« rable lettre que vous avez daigné m'écrire. Ces trois
« objets si précieux pour moi ne me quitteront qu'avec
« la vie, et ce sera pour les transmettre à des enfants
« élevés dans le respect, le dévouement et la reconnais-
« sance de leur père pour les bienfaits de Sa Majesté et
« pour la bonté de Votre Excellence.

« Je ne forme qu'un vœu, Monseigneur, c'est de pou-
« voir un jour prouver à Votre Excellence qu'elle n'a
« pas obligé un ingrat.

« Daignez, Monseigneur, déposer aux pieds de Sa
« Majesté l'Empereur l'hommage de ma vive gratitude
« et de mon profond respect.

« Ma *Paléographie* est à sa 18ᵉ livraison, et les deux
« dernières paraîtront avant le 1ᵉʳ janvier prochain.

« Si l'intention de Votre Excellence était de faire
« publier le *Texte de Reims*, que tous les savants slavo-

« nistes attendent impatiemment, notamment ceux de
« l'Allemagne, et dont ils avaient vivement sollicité la
« publication auprès de moi, nanti des calques et
« l'original sous les yeux, j'offrirais à Votre Excellence
« de le faire graver avec un soin scrupuleux pour le
« compte de la Russie, soit qu'Elle désire que j'envoie
« à Saint-Pétersbourg les cuivres gravés, ou que je me
« charge du tirage et du coloriage de l'édition au
« nombre d'exemplaires qui me serait indiqué par Votre
« Excellence dont j'attends les ordres. »

(Sans date.)

« Paris, le 25 février 1844.

« MONSIEUR LE MINISTRE,

« Je viens de recevoir la bague en diamant que vous
« avez daigné me transmettre au nom de Sa Majesté
« l'Empereur. Ce nouveau témoignage de la munificence
« de ce grand prince me pénètre de la plus vive grati-
« tude.

« Je prie Votre Excellence d'en agréer ici tous mes
« remerciements, et de daigner ajouter à toutes ses
« bontés pour moi, celle de déposer aux pieds de Sa
« Majesté l'hommage de tout mon dévouement et celui
« de ma profonde reconnaissance.

« Je regrette beaucoup, Monsieur le Ministre, que
« Votre Excellence ne se décide pas à prendre les trois
« cents exemplaires de la traduction de M. Kopitar (1)

(1) J'ai exposé dans mon Introduction à l'édition fac-simile de
l'Évangéliaire les raisons pour lesquelles le ministre n'avait pas
voulu laisser entrer en ligne le mémoire de Kopitar.

« de son introduction, que j'avais fait imprimer pour
« joindre aux trois cents exemplaires du texte. J'ajoute
« à l'introduction un tableau de tous les caractères
« slavons et glagolitiques, et de toutes les contractions
« et abréviations de feu l'abbé Dobrowsky, avec la
« prononciation ou valeur de chacune d'elles. Je serai
« heureux de n'avoir pas fait ce travail inutilement.

Rapport du comte Ouvarov à l'Empereur Nicolas, approuvé par l'Empereur le 12/24 juin 1841 (1).

« Un savant parisien, M. Silvestre, éditeur de la
« *Paléographie universelle*, a conçu l'heureuse pensée
« de faire un fac-simile de l'unique exemplaire conservé
« à la bibliothèque de la cathédrale de Reims de l'Évan-
« gile manuscrit incomplet. Ce manuscrit, connu sous
« le nom de *Texte du Sacre*, a été dans les mains de
« Pierre le Grand (2). Il est arrivé en France au xiv° ou
« xv° siècle, suivant toute apparence, venant de Cons-
« tantinople (3).
« Il est du format in-4°, sur parchemin, en caractères
« cyrilliques et glagolitiques, et il mérite une attention
« particulière, parce que les rois de France, jusqu'à la
« Révolution, accomplissaient sur lui le serment du
« couronnement. La ville de Reims tient tellement à ce
« précieux manuscrit que, même à la demande du

(1) Traduit du russe. (L. L.)
(2) Cette légende a été réfutée par M. Jadart. (Voir p. 8 de
notre Introduction.)
(3) La date est inexacte (L. L.).

« ministère français, elle n'a pas consenti à le laisser
« partir seulement le temps nécessaire pour en prendre
« copie. Comprenant l'importance pour nous de ce
« manuscrit, sur lequel des renseignements suffisam-
« ment détaillés ont été déjà fournis, en 1839, par notre
« archéologue Stroev, M. Silvestre, avec beaucoup de
« labeur et de soin, l'a copié tout entier. Il en a fait
« un volume très remarquable, dans le but d'avoir
« l'honneur de le présenter à Votre Majesté Impériale,
« comme au protecteur naturel de tout ce qui se rap-
« porte aux Slaves et à leur langue.

« En rendant très humblement compte de ce livre
« unique, je prends la liberté de demander à Votre
« Majesté la permission pour M. Silvestre de m'envoyer
« son travail pour le présenter à Votre Majesté, après
« être entré à ce propos en relation avec notre ambas-
« sadeur à Paris.

« Serge OUVAROV. »

Lettre de M. Cancrine, ministre des finances, au comte Ouvarov.

« Saint-Pétersbourg, 5, 17 octobre 1851.

« Je viens de recevoir l'offre de Votre Excellence
« quant à l'impression de l'Évangile slavon de Reims.
« Je donnerai mon consentement pour les 13,000 fr.
« nécessaires à cet effet.

« Mais permettez-moi, d'après notre ancienne con-
« naissance, de faire l'observation, s'il n'est pas néces-
« saire de faire auparavant examiner le contenu de ce

« manuscrit. Il y a quelquefois des variantes qui pour-
« raient donner ombrage au Synode. Sans doute, je ne
« crains pas qu'il y ait telles comme au fameux Évangile
« de saint Jean trouvé dans les Templiers (*sic*), dont le
« commencement est un panthéisme en forme, mais il
« pourrait y avoir cependant quelque chose qui pour-
« rait frapper.

« Agréez mes sincères hommages.

« CANCRINE. »

(En français dans l'original.)

Lettre de M. de Kiselev au comte Ouvarov.

« Paris, le 16/28 juillet 1851.

« MONSIEUR,

« J'ai eu l'honneur de recevoir, en l'absence de
« M. l'Ambassadeur, la lettre que Votre Excellence lui
« adresse en date du 20 juin, concernant le *Texte du
« Sacre.*

« Ce précieux ouvrage m'ayant déjà été remis, il par-
« viendra à Votre Excellence en même temps que la
« présente.

« D'après les directions contenues dans la lettre de
« Votre Excellence, j'ai cherché à connaître quel serait
« le témoignage de la haute satisfaction de Notre
« Auguste Maître, que M. Silvestre recevrait avec le
« plus de reconnaissance; tout en se refusant avec mo-
« destie à énoncer aucune prétention, il m'a fait enten-
« dre qu'étant père de famille et n'ayant pas de fortune,
« ses vœux seraient comblés si l'Empereur daignait

« remplacer par un cadeau toute autre récompense
« dont Sa Majesté Impériale le trouverait digne.

« Il me serait difficile de fournir là-dessus des indica-
« tions plus précises. Après l'inspection de ce beau et
« laborieux travail qui est fait à la main, Votre Excel-
« lence jugera mieux que moi des propositions qu'elle
« pourrait soumettre à Sa Majesté pour en récompenser
« l'auteur. J'ajouterai seulement qu'à côté des titres
« que M. Silvestre s'est acquis dans le monde littéraire
« par sa Paléographie universelle, il jouit d'une consi-
« dération aussi générale que bien méritée.

« Signé : KISSELEFF. »

Comme on le voit par les documents précédents, c'est
aux frais du Trésor de l'Empire de Russie, et non pas,
comme on le croyait, sur la cassette particulière de
l'Empereur Nicolas Ier qu'a été exécutée la première
édition fac-similé de l'*Évangéliaire* de Reims(1). Elle est
fort remarquable pour l'époque où elle a été exécutée,
eu égard aux procédés dont on disposait alors ; néan-
moins, elle renferme non seulement des erreurs de
copie, mais des erreurs d'enluminure, comme pourront
aisément s'en convaincre les possesseurs de notre édition aquarellée.

Cette édition a été faite à tous les points de vue dans
des conditions tout autres que celle de Silvestre. Nous
avons pensé qu'il ne fallait pas solliciter d'autre concours
que celui des amateurs, des bibliophiles, des établisse-

(1) On m'assure que l'Empereur Nicolas Ier n'avait pas de liste
civile indépendante des revenus généraux de l'Empire.

ments publics, des érudits intéressés à voir paraître sous une forme définitive un des monuments les plus curieux de la littérature slavonne au moyen âge.

Un éditeur français eût probablement hésité à entreprendre à ses frais une publication fort coûteuse et nécessairement réservée à un public très restreint. C'est grâce à de nombreuses relations dans les pays slaves, grâce à l'intérêt que certains Rémois ont bien voulu témoigner tout d'abord à notre entreprise, que nous avons pu la mener à bonne fin.

Parmi les grandes institutions scientifiques qui se sont intéressées à cette édition, nous nommerons, en première ligne, le Ministère de l'Instruction Publique de Saint-Pétersbourg qui, sur le rapport du comité scientifique, a recommandé l'*Évangéliaire* aux bibliothèques universitaires de l'Empire (elles ont toutes souscrit); l'Académie impériale des sciences de Saint-Pétersbourg, qui a annoncé l'édition fac-simile dans son *Bulletin*, et souscrit un exemplaire; l'Académie tchèque, de Prague, qui a souscrit un exemplaire, et élu l'éditeur membre associé; l'Académie royale de Serbie, l'Académie sud-slave d'Agram, la Société de littérature serbe de Novi-Sad (Ujvidek), qui ont souscrit chacune un exemplaire; la commission archéographique de Saint-Pétersbourg, qui a également souscrit un exemplaire, et qui a félicité l'éditeur de la beauté de l'exécution du manuscrit; la Société des amis de l'ancienne littérature russe de Saint-Pétersbourg, à laquelle on doit d'admirables fac-simile, et qui a tenu à témoigner de sa sympathie pour l'éditeur en lui conférant le titre de membre correspondant; les musées et universités dont on trouvera plus loin la liste. Parmi les souscripteurs figurent un membre de la famille impériale russe, Son Altesse le grand-duc Vladimir-Alexandro-vitch, Son Altesse Royale le prince Ferdinand de Bulgarie, le prince Roland Bonaparte, dont on connaît le goût éclairé pour les sciences historiques ; un certain nombre de prélats de l'Église catholique ou orthodoxe. Il est à noter, que jusqu'ici, si l'on excepte le saint synode, le haut clergé russe est resté complétement indifférent à une publication qui devrait avoir pour lui tant d'intérêt. Les prélats orthodoxes qui ont souscrits sont le métropolitain de Bucarest et l'exarque de Bulgarie.

Voici, arrêtée au 1ᵉʳ janvier 1901, la liste des souscripteurs dont les demandes sont parvenues pendant le courant de l'année 1899 :

Ville de Reims.

Son Éminence le cardinal Langénieux.
M. Noirot, maire.
M. le comte Werlé.
M. Pommery.
M. Charbonneaux.
M. Lucas.
M. Benoist.
M. Raymond Aubert.
L'Académie de Reims (2 exemplaires).
La Bibliothèque de Reims.
Librairie Michaud (3 exemplaires).

Paris.

M. le prince Roland Bonaparte.
M. Sénart, membre de l'Institut.
M. Ivan Stchoukine (de Moscou).

M. Salomon (2 exemplaires).
La Bibliothèque de l'École des langues orientales vivantes.
La Bibliothèque du Collège de France.
Le Ministère de l'Instruction publique (10 exemplaires).
M. Jules Preux.
M. le prince d'Essling.
M. Louis Leger (2 exemplaires).

Nice.

Mme Terechtchenko (2 exemplaires.)

Bohême (ville de Prague).

La Bibliothèque du Musée du Royaume.
M. Pastrnek, professeur à l'Université de Prague.
M. Ladislav Rott, négociant.
La Société Royale des Sciences (2 exemplaires).
M. le chapelain Vajs.
Le Chapitre métropolitain.
L'Académie tchèque.
Le monastère des Prémontrés de Strachov.
M. le conseiller Neff.
La Librairie Rivnacz (10 exemplaires).

Vienne (Autriche).

La Bibliothèque impériale.
M. le comte Harrach.

Bukovine.

L'Université de Czernowitz.

Agram (Croatie).

La Bibliothèque archiépiscopale.

La Bibliothèque de l'Université.
L'Académie Sud-Slave.

DIAKOVO (Slavonie).

Mgr Strossmayer, évêque.

SPALATO (Dalmatie).

Monsignore Bulich, conservateur du Musée.

BULGARIE.

Son Altesse Royale le prince Ferdinand (4 exemplaires).
Mgr l'Exarque des Bulgares (à Constantinople).
Mgr Doulcet, évêque catholique de Nicopolis, à Roustchouk.

MONTÉNÉGRO (Antivari).

Mgr Milinovic, évêque catholique.

HONGRIE (Ujvidek, Novi Sad).

La Srpska Matica (Société de littérature serbe).

SERBIE (Belgrade).

L'Académie royale serbe.

RUSSIE (Saint-Pétersbourg).

Son Altesse Impériale le grand-duc Vladimir Alexandrovitch.
La Bibliothèque impériale.
Librairie Wolff (4 exemplaires) (1).
M. Syrku, professeur à l'Université.
La Commission archéographique.

(1) Dont un pour la Bibliothèque de Sa Majesté l'Empereur.

M. le prince E. E. Oukhtomsky.
Le Saint Synode.
L'Académie des Sciences.

Moscou.

Le Musée historique (2 exemplaires).
M. de Jouravlev.
L'Académie théologique de la Sainte Trinité.
M. Ilyne, négociant.
La Bibliothèque de l'Université.

Kharkov.

La Bibliothèque de l'Université (2 exemplaires).

Kazan.

La Bibliothèque de l'Université.

Varsovie.

La Bibliothèque de l'Université.

Kiev.

La Bibliothèque de l'Université.
La Bibliothèque du Monastère des Cryptes.

Odessa.

La Librairie Rousseau (3 exemplaires).

Iouriev (Dorpat).

La Bibliothèque de l'Université (2 exemplaires).

Roumanie (Bucarest).

Mgr Gheorgian, métropolitain de Roumanie.

Comme on le voit par ce tableau ce sont les deux villes
de Reims et de Prague qui ont fourni le plus fort con-
tingent de souscripteurs.

Après avoir rendu hommage à ceux dont le concours
a permis d'accomplir une entreprise fort onéreuse, pour
laquelle on n'eût sans doute pas trouvé d'éditeur, il
reste à dire quelques mots de son exécution.

Les clichés ont été pris à la Bibliothèque Nationale,
reportés sur cuivre et gravés par les soins de M. Dujardin, dont on connaît les belles publications. L'édition
est digne en tout point d'une maison célèbre dont l'éloge
n'est plus à faire (1).

Jusqu'ici, M. Dujardin n'avait publié que des fac-
simile en noir. Or, les deux parties de l'*Évangéliaire* de
Reims offrent un grand nombre de pages polychromes.
Dans la partie cyrillique, des lettres initiales, des
mots entiers sont coloriés de teintes diverses; des lignes
sont soulignées de jaune; ces détails ne sont pas indif-
férents pour déterminer l'endroit où cette partie cyrillique a été exécutée. Dans la partie glagolitique, des
lignes entières sont écrites en minium. des lettres initiales offrent une riche ornementation : quelques-unes
constituent de petits tableaux rehaussés d'or.

Après le tirage des exemplaires en noir. on a effacé
sur les clichés les parties qui devaient être coloriées à

(1) Les comptes-rendus publiés dans les journaux russes, dans
l'*Archiv für Slavische Philologie*. sont unanimes à louer la
beauté de la publication. La commission archéographique de
Saint-Pétersbourg a adressé à l'éditeur des félicitations enthou-
siastes. Des spécimens de l'édition ont figuré à l'Exposition
Paléographique qui a eu lieu récemment à Saint-Pétersbourg à
l'Exposition Universelle de Paris.

la main. Le soin d'enluminer ces parties et d'exécuter
les miniatures a été confié à un artiste habile, M. Bois-
gontier, auquel on doit déjà le fac-similé du manuscrit mexicain du duc de Loubat. Il s'est tiré à son honneur de cette tâche délicate. Mais il eût été dangereux
de faire exécuter à la main des lignes entières de texte
écrites en minium comme il s'en trouve souvent dans la
partie glagolitique. Silvestre n'a pas échappé aux dis-
tractions ; l'enlumineur n'est pas nécessairement un
paléographe, surtout dans une langue dont il ne peut
déchiffrer les caractères. La photographie reste pour
ces idiomes le seul procédé infaillible, ou peu s'en faut.
Après avoir soigneusement étudié la question, je me
suis décidé à faire faire de la partie glagolitique un
tirage spécial en rouge. Cette modification a entraîné à
des frais considérables dont les souscripteurs de l'édition
ordinaire ont l'avantage de bénéficier. On leur avait
promis une édition noire, et ils ont une édition en deux
couleurs. Quant aux souscripteurs de l'édition poly-
chrome, ils sont assurés d'avoir un texte absolument pur.
dont la valeur documentaire égale la valeur artistique.

Imprimerie de l'Académie (Nestor Mince, dir.), rue Plerhe, 24. (1893)

190
40.

RELIGION SAINT-SIMONIENNE.

LE BOURGEOIS. — LE REVÉLATEUR.

Quand ils eurent chassé et lentement conduit au rivage le fils de
leurs rois avec les deux rois qui étaient sa progéniture, ils appelèrent
les docteurs de la loi et ils leur dirent : « Nous maudissions ce
» vieillard obstiné ; car prétextant que nous étions un peuple fou-
» gueux qui va toujours courant se briser contre les rochers, il
» voulait nous mettre autour du corps une ceinture étroite et nous
» attacher aux pieds un boulet. C'est vous qui nous avez excité
» contre lui et contre sa race ; nous vous prions de nous rendre
» heureux ; car nous souffrons dans notre chair et dans notre es-
» prit, dans la chair et dans l'esprit de nos fils et de nos filles.

» Si vous êtes venus dans nos ateliers, vous avez vu ces masses
» de fer embrasé que nous retirons des fournaises et que nous je-
» tons entre les dents des cylindres qui tournent plus vite que ne
» va le vent. Il en jaillit un lait de feu qui s'écoule par bouillons
» et qui se répand dans l'air en gouttes étincelantes, et le fer sort
» des dents du cylindre prodigieusement amaigri. En vérité nous
» sommes comprimés comme ces masses de fer.

» Si vous êtes venu dans nos ateliers, vous avez vu ces câbles
» des mines enroulés autour d'une roue, qui vont chercher à douze
» cents pieds de profondeur des blocs de pierre ou des montagnes
» de charbon. La roue crie sur son essieu, le câble s'alonge sous
» son énorme charge. Nous sommes tirés comme le câble ; mais
» nous ne crions pas comme la roue, car nous sommes patients
» autant que forts.

» Grand Dieu ! qu'ai-je fait, dit le peuple abîmé de douleur
» comme le roi David ; qu'ai-je fait pour que mes fils les plus vigou-
» reux deviennent de la chair à canon, et que mes filles les plus
» belles deviennent de la chair à prostitution ?

» La vigueur est-elle donc si abondante qu'on en ait à para-

» lyser? La beauté est-elle donc si commune en vos parages qu'on
» en comble des bourbiers? »

Les docteurs de la loi se mirent donc à dire : « En vérité ce peu-
» ple souffre cruellement; qu'allons-nous faire pour ce peuple? »

Ils firent un roi, et ils griffonnèrent un papier.

Ils appelèrent ce papier *Charte-vérité.* Les premiers mots
étaient : *Tous les Français sont égaux devant la loi.*

Ils dirent : « Que cet écrit soit parmi nous un gage de concorde
et d'union! » Et aussitôt il s'éleva une grande dispute parmi eux;
et, après s'être violemment accusés les uns les autres, il se sépa-
rèrent.

Cependant d'autres vinrent à leur place. Ceux-ci furent salués
par les acclamations de la multitude. On disait dans les journaux,
dans les salons et dans les rues, que l'heure de la prospérité publique avait sonné.

Leur premier mot fut : « Nous sommes une assemblée géante;
» Napoléon nous vient au genou. En s'élançant de tous ses mus-
» cles il n'a pu planer que sur les Pyramides; en se haussant sur
» la pointe du pied il n'a pu graver son nom que sur les cimes du
» Simplon et du Mont-Cenis. »

Leurs amis répétèrent : « C'est une assemblée géante. »

Cependant les faiseurs de lois, après s'être ainsi annoncés, s'as-
sirent sur leurs bancs, et pendant six mois ils parlèrent abondam-
ment sans s'écouter les uns les autres.

Et comme du dehors un grand nombre de voix leur rappelaient
la détresse publique, ils se mirent un jour d'accord, afin d'accomplir une grande œuvre; et après mûre délibération, ils vinrent pro-
clamer en face du peuple, ô prodige du génie! un réglement sur
la visite des voitures par les commis des barrières, résultat sublime
de leur touchante harmonie.

Ce qu'ayant fait, ils furent essoufflés, et se reposèrent tout
comme s'ils eussent arraché de leurs racines profondes, d'une
main le Mont-Blanc au milieu des Alpes, de l'autre le Mont-
Perdu au milieu des Pyrénées, et que les émiettant entre leurs
doigts, ils en eussent semé la poussière dans les vallées, du nord au

midi, afin d'établir une chaussée superbe entre les peuples du midi, et les peuples du nord, de Cadix à Saint-Pétersbourg.

Qui peut croire que cette comédie bourgeoise doive encore durer? Les peuples sont-ils donc des enfans au berceau qu'on endort par un vain babillage?

Il faut d'autres vertus que des vertus bourgeoises pour aller ramasser une nation qui s'est perdue dans les précipices, et pour la porter sur ses épaules à travers les rochers, les marécages et les sables, sur une terre de salut.

D'où viendra-t-il le colosse de vigueur, de gloire et d'amour, qui, passant comme le samaritain auprès de la France en pleurs, descendra pour la relever et la faire asseoir à ses côtés sur son char de triomphe?

Il n'aura pas consumé sa vie à humer nonchalamment l'air frais au milieu de *ses* prés, de *ses* champs, de *ses* vignes. Son souverain bonheur ne sera pas de s'ébattre doucement au coin du foyer domestique : pour domaine, il lui faudra le monde, sa famille sera l'humanité.

Et tandis que les RÉVÉLATEURS des anciens jours ne trouvaient sur leurs pas que des peuples dévorés par des maîtres arrogans, lui, plus heureux, rendra grâce au père de famille de ce qu'il aura paisiblement géré l'héritage du seigneur.

Le temps est proche où aux yeux de tous un homme apparaîtra dont la vue fera tressaillir les peuples. A son approche, les puissantes cités, la ville de César et d'Hildebrand, celle d'Alexandre de Macédoine, celle de Constantin, celle du czar Pierre, se lèveront saisies de respect comme des filles devant leur père. Du milieu des monceaux de décombres qui marquent la place où fut Babylone, Sémiramis montrera sa tête pour regarder passer le libérateur.

Les villes le salueront, et il les saluera par un nom nouveau. Au-dessus de leur tête il dressera un phare éblouissant de science, pour elles il parera la terre de toutes les merveilles de l'industrie, pour elles il embaumera l'air des parfums de l'amour et des arts. De son doigt comblant les vallées et abaissant les monts, il tracera entre elles des voies rapides, afin qu'elles soient unies, et qu'il n'y ait bientôt qu'une VIE, qu'une FOI, qu'un CHEF pour toute la terre.

Émancipateur pacifique, il parcourra le monde, distribuant l'affranchissement au *prolétaire* et à la FEMME; car à sa voix la femme ne répondra que des paroles de vérité, et le mensonge c'est l'esclavage.

Il dira au désert de devenir une terre féconde, et le désert obéira; à sa voix les reines de l'Orient, Babylone et Palmyre, renaîtront plus splendides, car il n'y aura plus d'anathême.

Celui-là portera-t-il sur sa face la *quiétude* du *bourgeois* ou le CALME du RÉVÉLATEUR?

MICHEL CHEVALIER,
ancien élève de l'école polytechnique.

CONVOCATION DU 1ᵉʳ JUIN.

Notre PÈRE a décidé que pendant le mois de juin les portes de la retraite de Ménilmontant, où la famille nouvelle se fonde autour de lui, seraient ouvertes deux fois par semaine, le dimanche et le mercredi, aux personnes qui nous aiment.

Les laissez-passer seront délivrés rue Monsigny, n. 6, dans les anciens bureaux du *Globe*.

Tous les jours de la semaine, de six heures du matin à dix heures du soir, et le dimanche de six heures à midi, les directeurs ou sous-directeurs de propagation du degré des industriels donnent les renseignemens qui leur sont demandés sur la religion Saint-Simonienne, aux domiciles suivans:

Rue de la Tour-d'Auvergne, n° 34,

Rue de la Contrescarpe-Saint-Antoine, n° 70.

Et à l'Athénée, place Sorbonne.

Imprimerie d'ÉVERAT, rue du Cadran, n° 16.